Nahrung für die Seele

Linda Roethlisberger

In Kontakt
mit der inneren Stimme

Nahrung für die Seele

Linda Roethlisberger

In Kontakt
mit der inneren Stimme

Verlag Hermann Bauer
Freiburg im Breisgau

Die Deutsche Bibliothek – CIP-Einheitsaufnahme

Roethlisberger, Linda:
In Kontakt mit der inneren Stimme / Linda Roethlisberger.
[Hrsg. von Richard Reschika].
1. Aufl. – Freiburg im Breisgau : Bauer, 1999
   (Nahrung für die Seele)
   ISBN 3-7626-0721-4

Herausgegeben von Richard Reschika

1. Auflage 1999
© by Verlag Hermann Bauer KG, Freiburg i. Br.
Einband: Ralph Höllrigl, Freiburg i. Br.
Satz: Fotosetzerei G. Scheydecker, Freiburg i. Br.
Druck und Bindung: Freiburger Graphische Betriebe, Freiburg i. Br.
Printed in Germany

INHALT

Geistige und materielle Welt
tauschen sich aus 7

Kommuni(kati)on mit unseren
geistigen Helfern und Führern 27

Verbindung zwischen zwei Welten 53

Unsere Erde als Lernplanet 73

Der Weg der Menschheit 93

Viel Freude in der Lebensschule 103

GEISTIGE UND MATERIELLE WELT TAUSCHEN SICH AUS

Wenn Sie das Wissen der geistigen Zusammenhänge in Verbindung mit den eigenen Erlebnissen bringen, beginnen Sie zu erkennen, daß die materielle Welt nur eine von vielen Ebenen ist, die einander berühren und durchdringen. Im Laufe Ihrer medialen Entwicklung lernen Sie die feinstoffliche Welt kennen: eine Synthese zwischen Psychologie, Parapsychologie und transpersonaler Psychologie wird geschaffen. Die emotionale, dann die mentale, die kausale und zuletzt die spirituelle Ebene werden entdeckt. Die Sprache der außersinnlichen Wahrnehmung – die universale Spiritualität – ist anfangs noch relativ unverständlich, geprägt von unzusammenhängenden oder unklaren Visionen, zu vergleichen mit dem neugeborenen Kind, das sich auch über Jahre mit der Muttersprache auseinandersetzen muß. Durch tägliches Üben lernen Sie, mit Ihrer ureigenen persönlichen Gedanken- und Gefühlssprache immer sicherer umzugehen und so die Botschaften der geistigen Welt differenzierter zu entschlüsseln.

Die Wahrnehmung mit diesen fünf »außersinnlichen« Sinnen findet in unserer *Gedanken- und Gefühlswelt* statt. Die feinstofflichen Sinne sind in einer immateriellen Welt – in einer *unsichtbaren*, mit den normalen Sinnen weder riech- noch sicht-, tast- oder hörbaren Welt – beheimatet. Es ist die geistige Welt, der Raum der inneren Stimme, der inneren

Bilder, Vorstellungen und Phantasiewelten, das höhere Selbst, die Ebene der geistigen Helfer oder Führer. Im inneren Dialog mit diesen werden wir die geistige Welt und ihre Sprache immer besser verstehen lernen.

Die Wahrnehmung mit den fünf medialen Sinnen ist ähnlich wie die Wahrnehmung mit den fünf körperlichen Sinnen. Hierbei wird als erstes etwas fokussiert oder wahrgenommen. Anschließend hilft uns der Verstand, der Intellekt und/oder die Lebenserfahrung, diese Gefühle zu analysieren und zu verstehen. In der Regel ist der Gebrauch unserer normalen fünf Sinne so selbstverständlich, daß es uns selten bewußt ist, was wir eigentlich tun – was konkret passiert.

Außersinnliche Wahrnehmung

Bei der außersinnlichen Wahrnehmung (ASW) wird bislang Unbewußtes plötzlich bewußt. Im wahrsten Sinn des Wortes sehen wir hinter die Kulissen. Obwohl die Wissenschaft bis heute nicht recht weiß, wie ASW-Botschaften verarbeitet werden, können wir sie doch täglich empfangen und im Alltag anwenden. Nur: Wir müssen es merken, realisieren, uns dessen gewahr sein. Jeder geistige Impuls ist als ein Schlüssel zu neuen Erfahrungen zu betrachten. Oft weiß man nicht, was man damit aufschließen soll: Geheimnisse? Illusionen? Sehnsüchte? Wunschvorstellungen? Täuschungen? Glücklich aber ist der engagiert Suchende, der irgendeinmal das passende Loch findet – wenn das Tor zu neuen Erkenntnissen selbst geöffnet werden kann.

Wir sollten die Welt in der richtigen Relation sehen und erkennen, daß wir geistige Wesen sind, deren Ausdrucksform der physische Körper ist.

Der Geist ist das höhere, der Körper das niedere Ich; der Geist ist der Herr und der Körper sein Diener. Der Geist ist jener Teil unseres Selbst, der unsterblich ist.

Ist dies nicht derselbe Geist, der das ganze Weltall erdacht, erschaffen und gestaltet hat – und noch immer gestaltet? Besitzen wir nicht im kleinen, in unserem Mikrokosmos, all die unbegrenzten Fähigkeiten des Großen Geistes, den wir Gott nennen? Wenn wir dieser göttlichen Kraft erlauben, an die Oberfläche unseres Bewußtseins zu gelangen und unser Leben zu leiten, erkennen wir, daß nichts in unserer Welt geschehen kann, dem wir nicht gewachsen sind. Alle Sorgen, Ängste, Zweifel und Qualen werden verbannt. Dieses Vertrauen ist es, das wir lernen müssen.

Die gleiche Kraft, die die Welt erschaffen hat, ist der Urgrund des Lebens. Das Leben ist nicht körperlich oder stofflich – das Leben ist Geist, und wo Geist ist, ist Leben. Die Kraft, die in Ihnen wohnt, ist die Kraft des Geistes – und Sie selbst sind ein Teil des Großen Geistes, der Sie befähigt, am endlosen Vorgang der Schöpfung teilzunehmen. Sie können zu jeder Zeit aus dieser ungeheuren Kraft des Geistes schöpfen, aus sich selbst diese Kraft, die Sie am Leben erhält, aufsteigen lassen.

Werden Sie sich bewußt, daß es eine Illusion ist zu glauben, daß Sie »Körper mit Geist« sind. Sie sind »Geist mit Körper«. Hier beginnt die Entwicklung Ihres geistigen Wesens, der fundamentale Sinn des irdischen Daseins. Wer seine geistigen Fähigkeiten nicht den individuellen Möglichkeiten entsprechend entwickelt und entfaltet, ist wie ein Blinder oder Tauber seiner Sinne beraubt.

Der physische Körper ist nichts anderes als eine ins Grobstoffliche verdichtete, materialisierte – oder langsam schwingende – Energie. Der irdische Körper ist so beschaffen, daß er seinem Zweck zu dienen vermag. Sind Sie sich bewußt, daß Ihr Körper in seiner jetzigen Gestalt nur ein begrenztes Dasein hat? Wenn er seine Aufgabe erfüllt hat, wird er zerfallen. Nur Seele und Geist, die sich bei der Geburt in diesen Körper inkarniert haben (lat. *incarnatus*: fleischgeworden, *incarnatio*: Menschwerdung), sind von Bestand. Unser irdischer Körper dient unserem Geist als Tempel und uns – als zeitlosen und unvergänglichen Wesen – als Gefährt(e) durch unser jetziges Leben. Sobald wir dies als Wahrheit erkennen und akzeptieren, kann das Göttliche in uns erwachen, und unser inneres ewiges Licht kann immer stärker und größer werden, bis es keinen Körper mehr zu seiner Entwicklung braucht. So wie die Blume aus der dunklen Erde dem Licht entgegenstrebt, ist es auch mit dem seelisch-geistigen Bewußtsein, wenn es sich entfalten darf. Wie die Blume wächst auch das Bewußtsein im stillen; Geduld und stete Pflege bringen die Blüten zur vollen Entfaltung. »Alles, was existiert, ist verbunden, hat ein gemeinsames Ziel, einen gemeinsamen Atem. Pflanzen, Tiere, Felsen und Menschen atmen. Erdmutter Natur ist der sichtbar gewordene Atem des Schöpfers«, sagte einmal ein Cheyenne-Arapahoe-Indianer.

Für uns Menschen ist es schwierig, die wahren Beziehungen zwischen Seele, Geist und Körper klar zu sehen. Schließlich leben wir in der materiellen, physisch begrenzten Welt, und so mögen wir uns fragen, wo genau sich denn eigentlich Seele und Geist befinden? An einem bewölkten Tag erahnen wir wohl die Sonne hinter der Wolkendecke, ihre Strahlen kommen aber nicht immer sicht- und fühlbar zu uns durch. Wir lassen uns leicht entmutigen und vergessen – symbolisch gesehen – das Licht und die Liebe, die uns im göttlichen Plan unfehlbar leiten. Das geistige Licht wirkt aber weiter fort, so wie schließlich auch die Sonne immer, auch in der Nacht, weiter scheint. Dieses geistige Licht verhindert, daß wir auf unserem Entwicklungsweg straucheln. Wir werden zu diesem zurückgeführt, wenn wir von ihm abweichen, damit wir auf einem der vielen Pfade, die zum Großen Geist hinführen, weiterwandern können, bis wir uns selbst erlösen und wieder ganz in den göttlichen Geist eintauchen.

Das Geistige in uns

Wenn Ihre geistige Natur, das Göttliche, in Ihnen erwacht, haben Sie jene Stufe Ihrer Entwicklung erreicht, auf der Sie bereit sind, im Leben nicht nur das auf der Oberfläche Liegende zu ernten, sondern den ganzen Reichtum, der nur im Geistigen – in der unsichtbaren Welt – zu finden ist. Geistige Juwelen sind weitaus schöner und glänzender als die irdischen. Und sie werden noch bestehen, wenn die Schätze dieser Welt ihren

Glanz verloren haben und wertlos geworden sind.

Erst wenn sich die Seele ihrer selbst gewahr wird, erkennt sie ihre Stärke. Sie ist ein Teil der mächtigsten Kraft im Weltall! Dieser Bewußtseinsteil – der unsterbliche Lebenskern mit den geplanten Teilgebilden – ist schließlich das, was Ihre Persönlichkeit ausmacht. »Seele« darf nicht mit »Persönlichkeit« verwechselt werden.

Eine Persönlichkeit ist das Produkt der Bewußtseinsarbeit am Wesenskern, die Folge einer steten, seelisch-geistigen Entwicklung.

Dank Ihrer *Lebenserfahrungen*, die sich gefühlsmäßig und in Form von Gedanken-»Abdrücken« in Ihrer Seele angesammelt haben, bilden Sie sich Ihre eigene Wahrheit. Es ist demzufolge wichtig, daß Sie immer auf Ihre innere Stimme hören, ihr vertrauen und ihr treu bleiben. Ihre innere Stimme spricht zu Ihnen über Ihre Träume, Ihre Intuition und Ihre Bilder. Mit Hilfe einer entschlüsselten, bewußt wahrgenommenen Gedanken- und Gefühlssprache, deren Botschaften sie in sich und Ihr Leben integrieren, werden Sie in Ihrer Persönlichkeitsentfaltung schneller vorwärtskommen.

Diese neue Sprache – oder Medialität – ist an kein Glaubenssystem gebunden, und sie ist es, die Sie durch sämtliche Erfahrungen geführt hat, führt und noch führen wird.

Mit der seelisch-geistigen, medialen Entwicklung beginnen Sie einen Weg, auf dem Sie Hilfe, Führung, Eingebung, Unterstützung und

Weisheit aus der spirituellen oder geistigen Welt erhalten – inspiriert von nicht inkarniertem Bewußtsein. Letzteres wird auch »spirituelle Medialität« genannt.

Es gibt in Wahrheit keinen Tod – die Gestorbenen haben nur ihre Seinsform geändert. Diese nicht inkarnierten Persönlichkeits- oder Bewußtseinsteile leben weiter, und je nach ihrem Bewußtseinsstand und ihren aktuellen Lernaufgaben versuchen sie, als Kanal die göttliche Kraft wirksam werden zu lassen, um so auch Ihnen in Ihrem Leben zu helfen. Im Volksmund sprechen wir vom Schutzengel; das ist ein globaler Begriff, der bei näherem Betrachten differenziert werden kann und unter dem ich nebst verschiedenen Engelwesen die verschiedenen »geistigen Helfer« einordne.

Mit Ihrem freien Willen entscheiden Sie selbst, ob Sie diese Hilfe der Vorsehung annehmen wollen oder nicht.

So wie diese Kraft auf Sie einwirkt und sich verstärkt, kommen Sie langsam aber sicher in den Besitz von etwas, das die materielle Welt Ihnen niemals geben oder nehmen kann: Sie erlangen Zuversicht, Vertrauen, innere Ruhe und Entschlossenheit. Dann wissen Sie ohne jeden Zweifel, daß es nichts auf der ganzen Welt gibt, was Ihrem eigentlichen Ich schaden kann, und daß Sie eins sind mit der größten göttlichen Kraft, welche die ganze Fülle des Lebens geschaffen hat. Der Große Geist wird uns nicht im Stich lassen. Wir dürfen aber auch ihn nicht vergessen!

Das ganze Leben verläuft auf vorgezeichneten Wegen. Die Erde dreht sich um ihre Achse, Sterne und Planeten ziehen am Himmel ihre feste Bahn, Jahreszeiten kommen und gehen als Teil eines ewigen Kreislaufs. Die Pflanzen blühen und verwelken, überall gehorcht das Leben dem Naturgesetz, in das es eingebunden ist.

Wir können nicht außerhalb der göttlichen Ordnung leben; wir sind ein Teil davon. Wir wollen daran denken, daß wir immer in den Mantel unendlicher Liebe gehüllt sind, daß wir mit dem Großen Geist, der göttlichen Kraft und Liebe, ewig verbunden sind und diese überall gegenwärtig ist – denn wir sind ein Teil davon.

Eine Seele, die völliges, unzerstörbares Vertrauen zu dieser unendlichen Kraft hat, sorgt sich nicht. Wer sich Sorgen macht, zeigt damit, daß er von Furcht getrieben wird. Furcht ist ein Teil der Dunkelheit, der Unwissenheit – nicht des Lichts.

Bringen Sie Licht in dieses Nicht-Wissen, indem Sie sich Ihrer Unwissenheit bewußt werden und sich bemühen, im Lichte des geistigen Verständnisses zu leben. Die mediale Entwicklung, die auch als »Seelenhygiene« betrachtet werden kann, bietet dazu eine wertvolle Möglichkeit. Mit ihr beginnt die Bewußtseinserweiterung, die seelisch-geistige Entfaltung. Verständnis und vollkommene Liebe verbannen die Furcht, die die Lebenskraft lähmt und den Geist daran hindert, neue Ausdrucksformen zu finden und sich immer weiter auszudehnen. Lassen wir die Liebe das Weltall beherrschen, dann gibt es keinen Platz für Furcht.

Die Welt der Materie ist nur ein Teil unseres irdischen Lebens. Wir und unsere Schutzengel bzw. geistigen Helfer und Führer leben in demselben Kosmos. Dieser ist so beschaffen, daß irdische und geistige Welt sich durchdringen, sich miteinander vermischen, harmonisieren und ineinander aufgehen. Ein Naturphänomen – die Verwandlungsfähigkeit des Wassers in seine Aggregatzustände Eis, Wasser und Dampf – mag als Beispiel dienen. Im Tod bringen wir nur eine andere Seite unseres Bewußtseins zum Ausdruck und hören auf, im physischen Körper zu empfinden – wir wechseln in eine andere Daseinsform über. Nach dem Tod treten wir als körperlose Wesen mit unserem Bewußtsein automatisch in eine geistige Welt ein – wir werden für physische Augen »unsichtbar«, wir existieren mit unserem feinstofflichen Seele-Geist-Körper, mit unserem erarbeiteten Bewußtseinsteil oder dem Astralleib weiter.

Dieser besteht ebenfalls aus Materie, wenn auch aus einer sehr viel feineren, einer anderen »Verdichtung«, könnte man sagen, einer anderen Seinsform. Wir erinnern uns an neue Formen der Fotografie, die solche Astral- oder Seelenkörper festhalten kann, und wir werden uns auch bewußt, daß unsere Seele und unser Geist demzufolge sogar, weil sie auf eine Art materiell sind, ein »physisches« Gewicht haben. Zwischen der Ebene des Geistes und der Seele sowie zwischen unserem psychischen und physischen Erleben findet immer ein Austausch statt.

Auf beiden Seiten, der materiellen und der geistigen, drängt das Bewußtsein nach Weiterentwicklung, und die geistigen Helfer und Führer wachsen ebenfalls, indem sie uns hilfreich zur Seite stehen.

Vor und nach unserer Inkarnation auf der Erde ist das Feinstoffliche, die geistige Welt, unser Zuhause.

Unser eigentliches Gewicht ist ein Energie-oder Bewußtseinsimpuls.

Hier erfahren wir das Da-Sein mit den psychischen Sinnen. Wenn wir geboren werden, senkt sich der Schleier des Vergessens über unsere Wahrnehmung. Unsere (westliche) Erziehung, die an dem Rationalismus der linken Gehirnhemisphäre orientiert ist, tut ein übriges. Doch die Qualität der Zeit hat sich verändert. Immer mehr Menschen suchen nach der Verknüpfung des Rationalen, Intellektuellen mit dem Land der Phantasie und der Inspiration, der Verbindung der linken und rechten Hemisphäre. Bruchstückhafte Erinnerungen an vergangene Leben, Wahrnehmungen von Schutzengeln und unerklärlichen Phänomenen treten immer mehr in den Vordergrund und lassen uns – nicht nur in Zeiten des Chaos – die höherstehende Ordnung der geistigen Welt immer wieder erspüren.

Das Erwachen der Medialität ist zum einen eine Frage des Bewußtseinsstandes – des Menschen wie auch seiner Zeit. Zum anderen aber zeigt sich die geistige Welt demjenigen, dessen freier Wille die Weichen stellt, um den richtigen Weg einzuschlagen – die göttliche Führung anzunehmen. Die Wahrnehmung mit den psychischen Sinnen und der Kanal, durch den das Göttliche fließt und seine Abgesandten wirken, sind die Verbindung, die uns zurück zum Ursprung führt – und hin zu unserer eigentlichen Bestimmung.

KOMMUNI(KATI)ON
MIT UNSEREN GEISTIGEN
HELFERN UND FÜHRERN

*In der geistigen Welt wird nicht mit Worten
gesprochen, sondern nur mit Gedankenenergie
(telepathisch) vermittelt.*

Wenn die Übermittlung durch Hellsehen, -füh-
len oder -hören geschieht, ist dies ein sehr
schwieriges Verfahren für den Sender. Die Verbindung zwischen den beiden Welten erfordert
das Zusammenwirken ganz besonderer Umstände. Wenn die richtigen Voraussetzungen
gegeben sind, kann der Kontakt sehr leicht zu-
stande kommen; aber es gibt viele den Kontakt
störende Umstände. Vielleicht ist das Medium

müde, krank, unpäßlich, in schlechter Stimmung, hungrig, hat zuviel gegessen, zuviel getrunken, geraucht. All dies bleibt nicht ohne Einfluß auf die Art der Verbindung zwischen dem sendenden Geistführer und dem Medium. In anderen Fällen mögen sich im Unterbewußtsein des Mediums persönliche Gedanken regen, die in seiner Psyche stark und beherrschend sind und darum nach Ausdruck verlangen, und der Geistführer kann nicht verhindern, daß die unterbewußten Gedanken des Mediums stärker sind als er selbst.

Aus diesem Grund sind symbolische Verzerrungen und Deutungsfehler des Mediums niemals völlig auszuschließen.

Geistwesen, die bereit sind, sich zeitweilig aufzugeben, sind voller Liebe für uns Menschen. Die Liebe ist für ein Geistwesen als geistiger Helfer eine zwingende Kraft, diejenigen zu trösten, zu leiten, zu unterstützen und zu inspirieren, mit denen es sich verbunden, wahlverwandt fühlt.

Sinn und Zweck der Rückkehr der geistigen Welt in die irdische ist, die Aufmerksamkeit auf geistige Wahrheiten zu lenken.

Viele Menschen sind so im Stofflichen gefangen, daß der Geist in ihrem Inneren nur wie eine schwache Flamme ist, so schwach, daß sie fast kein Licht erzeugt. Und doch ist sie da. Erweckt werden wir Menschen meist durch die verschiedensten Schicksalsschläge des Lebens. Wir beginnen, die geistigen Wahrheiten und damit uns selbst und die Bedeutung der geistigen Welt zu begreifen, das

Bindeglied zwischen uns und dem Großen Geist, und wir erkennen das einende Band, das ein Teil des Naturgesetzes ist.

Solange das Herz gut, die Seele willig, der Geist aufnahmebereit und der Glaube stark sind, ist der Verbindungsweg zur geistigen Welt offen, und wir ziehen in jeder Hinsicht Nutzen daraus: geistig, seelisch und körperlich.

Viele Menschen verstehen nicht, warum sie keine Antwort auf ihre Fragen erhalten. Die geistige Welt hat keine Hände, wenn sie nicht die Ihren gebrauchen kann. Wenn der Geist auf den Stoff, auf die Materie einwirken soll, braucht er ein Bindeglied, das für seine Einwirkung empfänglich ist. Wird damit nicht auch eine Erklärung des Phänomens »Wunder« oder »Eingebung« möglich?

Lauschen wir ganz intensiv dem Klang einer Glocke, so entdecken wir, daß außer dem Grundton die verborgenen Obertöne den Gesamtklang ausmachen. Im Nachhall nehmen wir immer feinere Frequenzen wahr, spüren von der anfänglichen dichten Vibration nur noch zartere Energiemuster. All dies ist in dem *einen* Klang enthalten – und so eröffnet sich dem Wachsamen und Sensitiven eine neue Welt im universalen Hologramm. In diesem Hologramm durchweben sich die verschiedenen Bewußtseinsebenen gitterförmig – horizontal und vertikal.

Die geistige Welt und ihre Hierarchie

Im Universum existieren viele Kräfte, die sich dem Verständnis des Menschen (noch) entziehen. Zahlreiche unerklärliche Erlebnisse oder phantastische Phänomene, die immer wieder erfahren werden, bestärken uns im Glauben, daß neben unserer materiell-physikalischen Welt eine spirituelle Realität existiert beziehungsweise andere Realitäten oder Bewußtseinsebenen mit anderen Naturgesetzen. Verschiedene historische, philosophische und gesellschaftliche Prägungen machen uns geneigt, uns vor diesen schwer faßbaren Dimensionen zu fürchten, es »unwichtig« zu finden, ihnen Beachtung zu schenken, oder gar Hemmungen vor konkreten Vorstellungen zu haben. So haben wir unter anderem auch gelernt: Du sollst dir kein Bildnis von Gott machen. Wie wollten wir das auch – inmitten all der Beschränkungen des Menschseins? Zudem wäre ein Bildnis, eine Vorstellung wiederum bereits erklärbar, definierbar; und so wird von allen Religionen und Mystikern immer nur die Suche nach der Verbindung mit Gott, eine Erfahrung mit der höchsten Intelligenz oder Bewußtseinsebene angestrebt. Wir wissen, daß wir die Verbindung zum Großen Geist im Gebet, in der Meditation, in der Versenkung, in der Stille zu finden vermögen.

Diese höchste Bewußtseinsebene oder höchste Intelligenz können wir weder fassen noch definieren – aber wir können sie erleben, erfahren.

Wir alle erfahren sie, indem wir ganz einfach Liebe spüren, oder wir erleben dieselbe Kraft in einer Vision in unserer Phantasie, im Traum, in der Natur – wann immer wir das Gefühl bekommen, in unserer Seele vom Göttlichen berührt zu werden und transpersonale Erfahrungen zu machen. Solche Erlebnisse nennen wir Initiierungen oder Einweihungen. Wir alle sind aus der ewigen Kraft des höchsten Bewußtseins hervorgegangen und tragen demzufolge den göttlichen Funken in uns. Wir sind geistige Wesen, die dieses höchste Bewußtsein verkörpern. Auf unserer Lebensreise durch die unendliche Zeit bringen wir diesen Keim zum Wachsen und zur Blüte, in diesem Augenblick als Mensch, in einem anderen als geistiges Wesen in einer anderen Seinsform.

Die verschiedenen geistigen Helfer und Führer sind es also, die uns – zum Teil auch inspiriert von höheren spirituellen Bewußtseinsebenen – erzählen, wie die verschiedensten geistigen Welten vorzustellen sind. Alle Bewußtseinsteile haben ihren freien Willen und lernen, dank diesem Hin und Her der Resonanz, Schritt um Schritt sich dem Großen Geiste zu nähern, um sich schließlich im ewigen Lichte wieder aufzulösen. Die geistigen Helfer der mentalen Ebene wollen mit ihrer Beweisbarkeit uns nicht nur über geistige Rehabilitations- und Bildungsstätten, Spitäler, Bibliotheken etc. informieren und aufklären, sondern uns vor allem motivieren, daß wir bereits hier und jetzt, zu Lebzeiten uns dieses seelisch-geistigen Gutes unserer Persönlichkeit und unseres Fortbestehens bewußt werden und uns in der Materie seelisch-geistig oder medial entfalten, um nicht erst nach unserem irdischen Tod bewußte psychische Erfahrungen machen zu müssen.

Die geistige Welt ist eine Welt des Gedankens. Denken bedeutet Tun, und der Gedanke ist augenblicklich. Denken Sie sich an einen bestimmten Ort, und Sie begeben sich mit der Geschwindigkeit dieses Gedankens dorthin, so schnell also, wie Sie sich vorstellen können. Das ist die gebräuchlichste Art der Fortbewegung in den geistigen Bewußtseinsebenen.

Trotz aller geistigen Helfer und Führer seien wir uns aber bewußt, daß wir Herr und Meister unserer Gedanken und Gefühle bleiben müssen. Unsere universale Spiritualität, das höchste Bewußtsein, der höchste Wille führt uns auf all unsere Reisen – unsere geistigen Reiseführer stehen uns so gut wie möglich mit Rat und Tat zur Seite, damit wir mit unserem Willen das »Richtige« tun…

Es gibt keine besseren oder schlechteren irdischen bzw. geistigen Positionen – wir alle sind Kinder Gottes oder Teile der ewigen Kraft, die mit ihrer Rolle auf der Bühne des

Welttheaters oder in der geistigen Schule Erfahrungen zur eigenen Weiterentwicklung und der anderer sammeln müssen! Es spielt für ein Geistwesen keine Rolle, ob es zehn oder hundert Jahre ohne physischen Körper bleibt – die weitere Entwicklungsmöglichkeit besteht nicht nur in der Reinkarnation auf der Erde, sondern auch in der feinstofflichen Welt. Wie oben, so auch unten. Demzufolge kann es im Austausch mit anderen Geistwesen immer wieder neue Erfahrungen machen und sich weiter inspirieren lassen. Es fühlt sich mit anderen verbunden und bleibt trotz allem es selbst.

Der geistige Helfer ist
– psychologisch betrachtet: ein Spiegelpunkt zwischen dem höheren Ich und dem niederen Ich,

– spirituell betrachtet: ein Vermittler zwischen zwei Welten, der irdischen und der feinstofflichen, spirituellen Welt.

Lama Govinda sagte: »Engel sind keine Halluzinationen. Es sind Realitäten der geistigen Psyche, Symbole, in denen die höchsten Erkenntnisse und Bestrebungen des menschlichen Geistes verkörpert sind. Ihre Visualisierung ist der schöpferische Vorgang geistiger Projektionen, wodurch inneres Erleben in sichtbare Form verwandelt wird.« Die geistigen Helfer und Führer kommen aus einer Dimension, in der die universale, telepathische, nonverbale Sprache gesprochen wird. Wir Menschen kennen diese Sprache alle mehr oder weniger bewußt – es ist die Medialität, die sich über die fünf psychischen oder medialen Sinne manifestiert.

Dabei sollten wir nicht vergessen, daß wir alle durch unsere Erziehung, unsere Kultur und »unser Wissen« geprägt sind. So »denken« und »fühlen« wir in unserer Muttersprache, und auch die außersinnliche Wahrnehmung unterliegt ihren Metaphern – denn wir sollen sie, wie unsere Träume, auch verstehen können. Aus diesem Grunde haben Sensitive auch unterschiedliche Visionen:

Nach dem Gesetz der Resonanz begegnen uns die geistigen Wesen, die uns entsprechen und uns weiterbringen: Gleiches zieht Gleiches an – und so wird jeder, der seine Gedanken- und Gefühlssprache entwickelt, seine persönliche Wahrheit, den Spiegel seines Ichs auch in der Welt der außersinnlichen Wahrnehmung finden.

Im Dialog mit unseren geistigen Wegbeglei-
tern lernen wir, uns neu mit uns selbst auseinanderzusetzen. Wenn wir bereit dazu sind,
werden unsere Helfer zu unseren Lehrern,
Heilern und Priestern werden.

*Weil geistige Helfer befreit sind vom irdisch-
menschlichen Denken, haben sie eine größere
Sichtweite und geben uns die Kraft, die innere
Zerrissenheit und Spaltung, die aus der irdischen Polarität herrührt, zu überwinden.*

Sie bewahren uns vor einem Unglück oder
führen uns in eine bestimmte komplizierte
Lebenssituation, weil die Zeit reif dazu ist.
Sie helfen uns, im entscheidenden Moment
das Richtige zu tun. Spirituelle Helfer und
Führer leisten intellektuellen, moralischen
und geistigen Beistand, helfen beim Kampf

gegen böse und zerstörerische Mächte oder kreieren Schutzschilder aus positiver Energie. Auch können sie einzelne Anregungen und Anleitungen hinsichtlich spezieller Probleme oder Hinweise zur allgemeinen Lebensführung geben.

Wie sich im Alltagsleben unser Freundeskreis ändert, wechseln sich auch unsere geistigen Helfer und Führer zu gegebener Zeit ab und gehen ihren eigenen Weg der Entfaltung weiter.

Die Beziehung zwischen Mensch und Geistwesen soll möglichst eine *gegenseitige* Bereicherung und Freude sein. Auch den großen Herausforderungen, mit denen uns die geistige Welt zu Zeiten konfrontiert, sollten wir vertrauensvoll mit Dankbarkeit und Freude begegnen können. Doch wie im irdischen Leben brauchen wir nicht jeden Gast jederzeit zu akzeptieren. Paßt er uns nicht, können wir dies sagen und uns distanzieren.

Die geistige Welt übt keine Macht über uns aus, kann uns zu nichts zwingen – außer wir sind mit unserem eigenen Willen bereit dazu oder brauchen die Erfahrung, uns abhängig zu fühlen.

Abhängig zu sein bedeutet nichts anderes, als an etwas festzuhalten. Durch das Erarbeiten und Erlangen persönlicher Stärke lernt man sich zu befreien. Zur persönlichen Stärke gelangt man durch mutiges Loslassen von Altem, durch Überwinden eines erlittenen Verlustes, durch unerschütterliches Gottvertrauen und das Annehmen höherer Führung.

*Unsere geistigen Helfer und Führer verbinden
die mentale und emotionale Ebene mit der Dimension des Spirituellen, der göttlichen Einheit.*

»Wer das Gleichgewicht hält, jenseits des Wechsels von Liebe und Haß, jenseits von Gewinn und Verlust, von Ehre und Schmach, hält die höchste Stellung in der Welt«, heißt es im *Tao Te King* von Lao Tse.

Unsere geistigen Helfer und Führer führen uns aus der Ebene der Dualität und der unbewußten Einheit in die bewußt gewordene Einheit hinein. Sie sind es, die uns in Krisen, in Momenten des Zweifels oder der Illusionen weiterhelfen, uns mit Lebensprüfungen und Entscheidungen konfrontieren, um durch die »Welt des Guten und Bösen« ins Himmelreich, zurückzukehren – wenn wir mit unserem »freien« Willen bereit dazu sind.

Sie teilen uns ihr Wissen über das Leben in der Einheit mit, damit wir Begrenzungen des irdischen Lebens überwinden können – und damit auch Ängste vor Unbekanntem. Unser Geist vermischt sich mit ihrem Geist – wir werden in allen Aspekten unseres Wachstums unterstützt. Dadurch, daß sich unsere Energie mit denen der geistigen Führer verbindet, können große emotionale, mentale und spirituelle Veränderungen stattfinden.

Geistige Führer lehren uns die Liebe und die Hingabe an den großen Schöpfer. Vorurteile, Egoismus, Gier, Haß, Neid und Beschränkung werden durch Freiheit des Ausdrucks, durch Selbstlosigkeit und Liebe ersetzt. Das wirkt sich auf unseren Körper aus, er wird zunehmend gesünder und zufriedener. Die meisten Menschen erreichen den Bewußtseinsstand des reinen »Ich bin« – durch völlige Hingabe der eigenen Identität und durch Auslöschung des Egos – nur zeitweilig. Doch diese Momente sind es, die dem Leben Sinn und Richtung geben.

Geistige Helfer und Führer sind Abgesandte Gottes, Vermittler zwischen uns Menschen und dem Großen Geist, Helfer und Führer im wahrsten Sinne des Wortes.

Wenn wir unsere ASW-Fähigkeiten bewußt schulen und regelmäßig trainieren, werden wir entdecken, daß sich diese Abgesandten Gottes in ihren Aufgabenbereichen und Qualitäten unterscheiden. Geistige Helfer sind normalerweise in der Astral- und Mentalebene zu Hause, die geistigen Führer hingegen haben ein höheres Bewußtsein und entsprechen der Kausal- oder gar der spirituellen Ebene.

Entscheidend ist zu beachten, daß jede Be-
wußtseinsebene – von der astralen bis hin-
auf in die spirituelle – auch noch in sich polar
ist.

Das heißt, von hell bis dunkel gibt es in jeder einzelnen Frequenz verschiedenste Qualitäten. Nur werden diese, »je höher« wir gehen, immer durchsichtiger, bis sich »zuoberst« im Großen Geist, alles in der Einheit auflöst.

Es ist durchaus möglich, daß Sie einem geistigen Führer begegnen, dessen Aufgabe darin besteht, Sie ein bis zwei Stufen »zurück in die Tiefe« zu führen. Durch eine solche Erfahrung lernen Sie die Bewußtseinshierarchien ganz direkt kennen und werden angespornt, sich wieder stärker Ihrer geistigen Entwicklung zu widmen und auch hier Salz von Zucker unterscheiden zu können.

Seit es Menschen gibt, wissen wir, daß das göttliche Licht und die göttliche Liebe letzten Endes über alles siegen – wie auch in der Natur *alles* dem Licht entgegenwächst. Entscheidend ist, daß wir das nie vergessen und bemüht sind, immer wieder aus der göttlichen Liebe heraus zu handeln, indem wir dem göttlichen Funken in uns näher und näher kommen.

Die Kommunikation mit den geistigen Helfern

Die geistige Welt ist mit unseren fünf gewöhnlichen Sinnen nicht wahrnehmbar; sie muß außersinnliche Wege einschlagen, um mit uns in die Materie eingebundenen Menschen in Kontakt treten zu können.

Die außersinnlichen Wahrnehmungen werden über das in unserem Wesen bereits angelegte Kommunikationssystem (Nervenbahnen, Hormonsystem, Gehirn) als Denk- und Fühlimpulse vermittelt.

Damit die Information brauchbar wird, muß sie auf eine Art und Weise übersetzt werden, die für uns Menschen verständlich ist. Aus diesem Grunde erleben viele die ASW oft in symbolhafter Form, in Bildern oder Stimmen, wie man sie aus dem Traum kennt. Die »eingehauchten« Botschaften werden entsprechend dem Reifegrad des betreffenden Vermittlers, seinen kulturellen und intellektuellen Prägungen und auch seinen momentanen Gegebenheiten angepaßt und entschlüsselt. Hier wird dem Studenten auch bewußt, wie wichtig seine Arbeit an der eigenen Per-

sönlichkeit und die verbale Kommunikations-
fähigkeit sind.

*Gefühle und Gedanken zu formulieren, ist eine
große Kunst.*

»Spricht die Seele, so spricht, ach! schon
die Seele nicht mehr«, heißt es bei Friedrich
Schiller.

Wir sollen die »Toten« ruhen lassen.

Dieser wichtige Satz steht nicht von ungefähr
in der Bibel. Auch die geistigen Wesen unterliegen ihrem persönlichen Entwicklungspro-
gramm und sollen nicht in ihrer Arbeit und
Entfaltung gestört werden. Der einzige, den
wir immer und überall, so oft und so lange
wir wollen, anrufen und um Hilfe bitten

dürfen, ist Gott oder der Große Geist, das höchste Bewußtsein! Diese ewige Kraft und Liebe sendet uns die für uns am besten geeigneten geistigen Helfer und Führer im Sinne des göttlichen Plans. Des weiteren müssen wir uns bewußt sein, daß es in der »anderen Welt« nicht nur lichte, engelhafte Gestalten gibt, sondern auch dunkle. Wie oben – so auch unten!

Die dunklen Elemente – wie auch die dunklen, ungelösten Seiten in uns – sind da, damit wir uns mit ihnen auseinandersetzen, sie kennenlernen und von ihnen lernen.

Wir müssen sie beachten und weder verleugnen noch verdrängen. Im Laufe unserer medialen Entwicklung können wir auch dazu beitragen, diese niederen Schwingungen in eine höhere Bewußtseinsebene zu transformieren. Durch Erkenntnis werden wir sie dem Licht übergeben und sie freilassen, indem wir ihnen bewußtmachen, daß auch sie letztendlich den Weg zur höchsten Bewußtseinsebene, zum Großen Geist, suchen und *gehen* müssen.

VERBINDUNG
ZWISCHEN ZWEI WELTEN

Die kleine Spitze eines Eisberges, die aus dem
unendlichen Meer ragt, läßt sich symbolhaft
mit unserem Körper vergleichen: Sie versinn-
bildlicht alles, was mechanisch, vegetativ, teil-
weise unbewußt gesteuert wird und einfach
funktioniert. Im Tagesbewußtsein leben, funk-
tionieren wir; mehr oder weniger instinkthaft
üben wir unsere Tätigkeiten aus. Unser Körper
ist ein Geschenk der Natur oder der Schöpfung – er dient uns als Vehikel, als Gefährt(e)
durch unser Leben hier auf dem Planeten
Erde.

Unser physischer Körper ist greifbar, kontrollierbar, meßbar. Im Gegensatz dazu sind unsere Seele und unser Geist wie die verborgenen Teile des Eisberges. Sie sind weder der präzisen Erforschung noch den physischen Sinnen vollkommen zugänglich. Sie sind abstrakt. Für den normalen Menschenverstand sind Seele und Geist etwas schwer Vorstellbares, etwas nicht Greifbares, noch nicht Erklärbares. Zugang zu ihnen findet der Mensch auf nonverbale Weise mittels Telepathie. Hier beginnt die Erforschung der unendlichen Ebene der Gefühle und ihrer symbolhaften Sprache. Nach Erich Fromm ist die Symbolsprache die einzige Fremdsprache, die jeder von uns lernen sollte. Meines Erachtens ist die aktive Auseinandersetzung mit der persönlichen Gefühls- oder Symbolsprache die abenteuerlichste Reise unseres Lebens – denn, wie schon Sokrates lehrte:

Die *Selbsterkenntnis* ist die wichtigste Erkenntnis im irdischen Dasein. Auch wenn diese wortlose Sprache, die keine Ländergrenzen kennt, heute wissenschaftlich noch schwer erklärbar ist, gibt es nur eine wichtige Voraussetzung, wenn man sie verstehen und/oder lernen möchte: Wir brauchen Mut – den Mut zum Erforschen unserer eigenen Tiefen, zu notwendigen Veränderungen, zum Wachsen und Entwickeln.

Wir wissen, daß Medialität nichts Neues ist. Zeugnisse des Übersinnlichen sind uns aus allen Kulturen überliefert. Die Medialität will heute wieder befreit, erneut entdeckt, entwickelt und in unserem täglichen Leben bewußt angewendet werden. Es ist faszinierend zu beobachten, wie rapide der Zeitgeist sich momentan verändert und das Bewußtsein für die geistigen Dimensionen nicht nur erwacht, sondern für immer mehr Menschen spür-, erleb- und anwendbar wird. Das ist das Wassermannzeitalter, ein Zeitalter, in dem das individuelle Bewußtsein einen Polsprung erleben will und eine neue Dimension, ein neuer Kontinent mit Hilfe der Medialität entdeckt werden wird.

Die Wirklichkeit liegt im Unsichtbaren. Das wird uns spätestens dann bewußt, wenn wir mit dem Herzen schauen lernen.

Nur wenn wir uns in unser Inneres zurückziehen und lernen, bewußt auf die Stimme der Intuition zu lauschen, auf ihre Worte und ihre Bilder, wird unser seelisch-geistiges Verständnis klarer und klarer werden. Der Sensitive stellt sich mit seinen ASW-Fähigkeiten bewußt als Vermittler zwischen zwei Welten zur Verfügung. Als Medium verbindet er die unsichtbare mit der sichtbaren Welt, indem er – je nach seinen medialen Fähigkeiten – die geistigen, spirituellen Energien fließen läßt. Aber genau so, wie das Leben für das Neugeborene nicht zu hart und kalt sein darf, so kann die Kraft des Geistes vom menschlichen Vermittler nur in dem Maße aufgenommen werden, wie dieser dazu befähigt ist.

Die göttliche Kraft beschränkt sich nicht nur auf »Medien«, sie wirkt durch viele Menschen, denen oftmals gar nicht bewußt ist, daß sie Werkzeuge des Geistes sind. »Unbewußt« sind diese bestrebt, mit dem Herzen auf dem rechten Fleck, mit beiden Beinen auf dem Boden und mit gesundem Menschenverstand ihren Alltag zu bewältigen. Die spirituelle Kraft wird auch ihren menschlichen Bestrebungen sichtbar.

Beweisen nicht nur Taten
allein der Liebe Kraft?

Alle Menschen sollten ihre individuellen medialen und heilerischen Fähigkeiten entwickeln und – je nach Belieben und Talent – trainieren, um sie dann im praktischen Alltagsleben – in Familie, Beruf und im zwischenmenschlichen Bereich – anzuwenden!

Die Entwicklung des sinnlichen Drahts zur geistigen Welt und vor allem die Bewußtwerdung der medialen Fähigkeiten, der fünf feinstofflichen oder außersinnlichen Wahrnehmungsmöglichkeiten, trägt zu einem besseren Verständnis der nonverbalen Seelensprache bei. Visualisierungen, das heißt Bildreisen oder aktive Imaginationen, bringen uns als ein erster Schritt dem Verständnis der Funktionsweise und der Bedeutung unserer inneren Stimme – oder unserer unsichtbaren Gedankenwelt – näher. Oder ertappen Sie sich etwa oft dabei, daß Sie nichts denken? Normalerweise erlebt das nur der geübte Yogi, der Zenmeister oder der konzentriert Meditierende. Eigentlich »denkt es« fortwährend in uns – und lernen wir nicht gerade dadurch bewußt unsere Intuition kennen? Intuition ist unmittelbares Erkennen und bedeutet, zu innerem Wissen, zu Informationen des größeren Selbst, der heiligen Dimension unseres Wesens zu gelangen. Der Prozeß der kontinuierlichen intuitiven oder medialen Entwicklung erschließt uns unser inspiriertes Selbst, unsere unversehrte, göttliche Natur.

Nur mit dem Erwachen und dem Erkennen unserer geistigen Welt wird es zu einem späteren Zeitpunkt möglich, Intuition von Inspiration zu unterscheiden. In der Menschheitsgeschichte gab und gibt es immer diese zwei Arten, auf die Ideen geboren werden oder wegbereitende Erfindungen geschehen: eine Verbindung mit dem Großen Geist, dem im Stillwerden die Möglichkeit geschaffen wird, sich zu manifestieren – oder der Gedankenblitz, der den trifft, dessen Verstand vor lauter Suchen übervoll ist und sich »ausschaltet«.

Inspiration und Eingebung geschehen in der völligen Ruhe und Stille – oder in der geistigen Wachsamkeit.

Diese Eingebungen, die wir alle immer wieder – mehr oder weniger bewußt – erfahren, sind nichts anderes als unser sechster Sinn.

Wir alle besitzen ihn und lassen uns durch diesen psychischen Kanal leiten.

Ich möchte die Medialität mit der Malerei, einer musikalischen Komposition oder der Schriftstellerei vergleichen: Alle drei Disziplinen können wir »handwerklich« erlernen – ob wir dann aber *auf Bestellung* ein Meisterwerk kreieren können, bleibt der höheren Führung überlassen. Es ist eine Gabe der Schöpfung.

In unserer westlichen Zivilisation stehen wir, bedingt durch die Flut an esoterischen Informationen und die Qualität des Zeitgeistes, an einem Wendepunkt. Der Glaube ist keine gesellschaftspolitisch zwingende Kraft mehr – wie noch in vergangenen Jahrhunderten – und die Verbindung zur Natur, der Quelle aller Schöpfung, ist durch das Kontrollbedürfnis des westlichen Menschen durch den Verstand oftmals zu sehr überlagert, um echte Inspiration zu schenken. So verbleibt die Kraft des freien Willens und der dem Menschen innewohnende Drang nach Fortschritt, nach einem Weg aus Leid und Chaos. »Leiden und Mut sind der Stoff für Romane, doch sie sind auch dasjenige Element, das die Geschichte interessant macht«, gibt Anthony Blake zu bedenken. »Es gibt tiefere und oberflächlichere Erfahrungen; unsere eigene Erfahrung vermischt sich mit der des Volkes, dessen Geschichte wir studieren. Ohne Erfahrungen ist Geschichte ein Schattenspiel.«

Die konkrete Erfahrung der Medialität schenkt uns die Möglichkeit, das Drehbuch des Schattenspiels zu erfassen und mit dem »Autor« in Verbindung zu treten, um die wahren Hintergründe begreifen zu lernen.

Über die Kommunikation mit höheren Dimensionen gelangen wir zur »Kommunion« mit unserem Schöpfer. Während in alten Kulturen dieser Weg nur wenigen Auserwählten zuteil wurde, haben wir heute die Möglichkeit, willentlich diese Richtung einzuschlagen, denn die Zeit ist reif und verlangt danach, die in uns schlummernden Sinne zu erwecken.

In der Auseinandersetzung mit Ihrer Medialität lernen Sie die geheimnisvolle Welt der Phantasie, der Vorstellungen, Einbildungen, Eingebungen und der verborgenen Sinne kennen. Sie erleben und leben echte Spiritualität. Sie lernen die verschiedenen Denkstrukturen und Bewußtseinsebenen von Körper, Ätherkörper und Aura kennen und erfahren »Unerklärliches«, das sich naturwissenschaftlich noch nicht nachweisen läßt. Nebenbei gesagt bin ich überzeugt, daß auch die Erkenntnisse der heutigen Naturwissenschaften, der Philosophie und der Kunst eine Renaissance erleben müssen: Altes Wissen will mit neuesten Erkenntnissen ergänzt werden – wir kommen auf der Spirale eine Drehung höher...

Sie können telepathische Informationen von anderen Menschen durch die Energie Ihrer Aura erhalten, jener Ausstrahlung, die uns allen eigen ist. Dieses Gedanken- oder Gefühle-Lesen ist eine weitere Facette des Wissens. Die Kraft und Möglichkeit, psychische Energien sinnvoll zu gebrauchen, ist von Person zu Person verschieden. Man kann Informationen empfangen und interpretieren, Heilenergien vermitteln, Krankheiten und deren Ursachen diagnostizieren. Die einen sind sich vielleicht ihrer Medialität gar nicht bewußt und leben sie im künstlerischen

Bereich aus, als Maler, Musiker oder Schauspieler. Die anderen gehen den Weg der zwischenmenschlichen Kommunikation und wählen Helferberufe oder engagieren sich als Politiker und Theologen.

In Krisenzeiten bietet sie uns eine große Hilfe, denn jedes Problem – ob physisch oder psychisch – wartet nur darauf, in seiner Ursache erkannt und gelöst zu werden. »Schwierigkeiten bringen Talente ans Licht, die bei günstigeren Bedingungen schlummern würden«, sagte Horaz. Müssen wir so lange warten? Oder sind Sie bereit, sich durch Unerklärliches, aber Erfahrbares zu neuen Ufern motivieren zu lassen? Mit der Entwicklung Ihrer fünf geistigen oder übernatürlichen Sinne lernen Sie Ihre innere Stimme bewußt kennen. Sie erarbeiten sich damit eine wichtige Entscheidungshilfe für Ihren Alltag.

Dank der bewußten Kontaktaufnahme, des Zwiegesprächs mit der inneren Stimme, lernen Sie die unsichtbare, psychische Welt kennen. Hellfühlen, Hellsehen, Hellhören, Hellriechen, Hellwissen – sie alle haben ihre Wurzeln in der geistigen Dimension und bleiben nicht nur einigen wenigen Auserwählten vorbehalten.

Kommt dann Ihre Überzeugung hinzu, daß es zu diesen zwei Dimensionen noch eine dritte gibt, nämlich die ewige Existenz der spirituellen, göttlichen, alles lenkenden Kraft – der höchsten Intelligenz des Großen Geistes –, lernen Sie, sich über Ihre fünf medialen Sinne von diesen höchsten Seinsebenen *bewußt* führen zu lassen.

Die Widersprüchlichkeit, die Polarität unseres irdischen Daseins, erlangt erst dann ihren wirklichen Sinn, wenn wir diese dritte

Kraft bewußt integrieren und beständig in unser Alltagsleben einfließen lassen. Nur mit dem Glauben an die geistige oder göttliche Führung, an das kosmische Prinzip, kann unser Leben in ein Gleichgewicht – in eine natürliche Balance, zu Harmonie und Frieden – kommen. Die mystische Verschmelzung mit der höchsten Energie schenkt uns auch das Wissen um die Verbindung mit allem, was lebt. Unser Weltbild wandelt sich – hin zu einer nicht urteilenden, nicht wertenden, sondern einenden Epoche der Ganzheitlichkeit.

Sobald sich der »Verstorbene« völlig bewußt geworden ist, daß er eben nicht gestorben ist, sondern nur seine Daseinsform verändert hat, legt er sich eigenständig Rechenschaft ab.

Das läßt sich mit einem Schüler vergleichen, der am Ende eines Schuljahres sein Zeugnis in der Hand hält und einsieht, welche Fächer genügend und welche ungenügend begriffen wurden. Das geistige Zeugnis besteht aus seelisch-geistigen Fähigkeiten, aus erarbeiteter Persönlichkeit oder Bewußtsein. Weil der »Verstorbene«, der Astralkörper oder das geistige Wesen, sich mittlerweile seiner psychischen Fähigkeiten bewußt geworden ist und spätestens jetzt hellsichtig, -hörend, -fühlend und -wissend seine neue Welt wahrnimmt, erlebt er sich im Spiegel der Selbsterkenntnis.

Auch in der geistigen Welt geht es um das Erkennen der eigenen Wahrheit – nur fällt die Einsicht leichter, weil die psychischen Sinne helfen, die Illusionen, Wunschträume und falschen Einbildungen besser zu durchschauen.

Wie der irdische Schüler nach seiner Grundausbildung neue Entscheidungen über seine weitere Entwicklung fällen muß, so ergeht es auch dem geistigen Wesen. »Informationsbüros« stehen nun zur Verfügung, wo höher entwickelte Geistwesen mit Ratschlägen zur Seite stehen.

Grundsätzlich stehen nun drei Möglichkeiten offen:

1. *Lernhallen oder Schulhäuser* diverser Art dienen in der geistigen Welt einer beständigen Weiterbildung. Von der Grund- bis zur Hochschule sind auch in der feinstofflichen Welt sämtliche Nuancen vertreten.
2. Man kann *zum geistigen Helfer* oder feinstofflichen *Reisebegleiter* für andere geistige oder irdische Wesen werden. Je nach per-

sönlichem Lernprogramm begleitet man eine bestimmte Zeitlang eine entsprechende Energie, die sowohl dem Betreffenden als auch einem selbst im Sinne des Altruismus der Weiterentwicklung dient.

3. *Wiedergeburt in irdischer Materie.* Je nach geistiger Reife stellt sich der Astralkörper ein neues Lernprogramm zusammen und sucht sich das entsprechende Lernfeld aus. Auch dabei leisten geistige Führer Hilfestellung. Geeignete Eltern, geographische Lage, Milieu, soziale Schichten etc. strahlen »magnetische Impulse« aus, die zusammen einen Code ergeben, der das entsprechende Muster der energetischen Anziehung bildet. In der neuen Inkarnation als Mensch werden nun die anstehenden Themen durch die Lebensumstände fokussiert, um bearbeitet und gelöst zu werden. Die

aus diesem Prozeß erwachsenden neuen Themen binden uns weiter ein in das Rad des Lebens – bis höchstes Bewußtsein unsere wahre Natur ist.

Das Mental-Medium stellt sich – im wahrsten Sinne des Wortes – *nur* als Vermittler oder Werkzeug zwischen der geistigen und der materiellen Welt zur Verfügung. Es ist sich bewußt, daß es selbst – wie jeder andere – ein Teil Gottes ist, sich zum höchsten Bewußtsein hin entfaltet und immer weiter wachsen wird. Während es mit jener höchsten Intelligenz verbunden ist, beginnt die Inspiration (das Einhauchen) von außen, aus einer anderen Daseinsform. Auf dieser Ebene wird uns bewußt, daß *jeder Mensch* ein Heiler, ein Kanal für göttliche Energien sein kann.

UNSERE ERDE
ALS LERNPLANET

Eines ihrer Ziele ist es, zum eigenen Heiler und Priester, Lehrer und Ratgeber zu werden – das heißt, sich selbst zu erkennen und zu erziehen, Verantwortung für sich und ihr Handeln zu übernehmen.

Bevor die Seele sich verkörpert, weiß sie, was sie auf Erden zu tun hat. Sie wählt das Werkzeug ihrer Verkörperung, denn sie erkennt, daß die jeweilige Verkettung verschiedener Umstände ihr die beste Gelegenheit für die notwendige Entfaltung ihrer selbst liefern wird. Sobald sie sich in der Materie verkörpert hat, verhindert deren Dichte, daß dieses tief im Körper eingebettete Wissen ihr Bewußtsein erreicht. Nehmen wir als Beispiel den Edelstein. Kohlenstoff, der sich über Jahrhunderte – geduldig und im Dunkeln, Verborgenen – von Grafit zu einem glasklaren Diamanten entwickelt, wird eines Tages aus seinem Fels befreit werden und im Licht in allen Regenbogenfarben erstrahlen.

Der Lebensplan ist etwas sehr Einfaches. Wir alle waren Geist und haben uns verkörpert, um *wissender Geist* zu werden.

Wir sammeln all die Erfahrungen, die wir brauchen, um dieses Ziel zu verwirklichen, um immer differenzierter zu werden.

So lernen wir, unsere Aufgaben zu erfüllen und auch die Freuden zu genießen, die für uns bestimmt sind. Die Befähigung dazu müssen wir in der irdischen Welt erwerben. Dort müssen wir die Lektionen lernen, die uns auf das Leben in der geistigen Welt vorbereiten. Wenn wir unsere Lektionen nicht annehmen, sind wir nicht reif, nicht bereit für das, was nach dem irdischen Leben auf uns wartet. Doch auch in der geistigen Welt gibt es Schulhäuser, andere Wirkungsfelder; oder man kann sich wieder und wieder inkarnieren ...

Trotzdem erscheint es uns manchmal so, als ob das Leben für einige schwerer ist als für andere. Manche sind frei von Schmerz, Qual, Sorge und Mühe, während andere im Schatten leben und kaum jemals das Licht erblicken. Eine große Schwierigkeit besteht darin, daß wir oft nur den irdischen Aspekt des Lebens sehen. Wir fragen: Gibt es eine irdische Gerechtigkeit? Es gibt einen göttlichen

Plan. Dieser ist aber nicht so starr, daß wir wie Marionetten darin tanzen. Wir alle haben den göttlichen Funken in uns und dadurch die Möglichkeit, am Vorgang der unendlichen Schöpfung teilzuhaben.

Deshalb hat der Mensch persönliche Verantwortung und ein großes Maß an freiem Willen, das aber nicht gegen physikalische oder geistige Gesetze wirken kann. Sein freier Wille erfährt durch sie eine Beschränkung.

Das menschliche Schicksal ist in großen Zügen vorherbestimmt, und es liegt an jedem einzelnen, seine göttlichen Eigenschaften innerhalb dieser Grenzen zu entfalten.

Die Seele ist ruhelos, suchend, bemüht, im Körperlichen Ausdruck zu finden. Trauer, Sorgen, Leid oder Krankheit sind manchmal notwendig, um uns aus unserer Gleichgültigkeit aufzuwecken. Wir lernen von Mal zu Mal besser, hinter die Kulissen dieses »Welttheaters« zu sehen, Zusammenhänge zu erkennen, zu verstehen, »warum« – und langsam erahnen wir, was irdische Gerechtigkeit ist.

Unsere Seele ist von göttlicher Herkunft und unzerstörbar, die irdische Wegstrecke ist nur ein kleiner, aber notwendiger Teil der ewigen Lebensreise. Unser jetziges Dasein sollten wir nicht in der dunklen Unwissenheit, sondern im hellen Licht des Wissens leben, nicht gebeugt, sondern erhobenen Hauptes, nicht in Furcht, sondern in freudiger Heiterkeit.

Wenn Sie Hilfe und Führung benötigen, müssen Sie die Bedingungen schaffen, unter denen Ihnen diese gewährt werden können.

Sie können Ihre Lebenserfahrungen dazu einsetzen, um Ihre Seele, Ihren einzigen ewigen Besitz, reifen zu lassen. Vertrauen Sie darauf, daß die Kraft, die Ihnen das Leben gab, Sie auch erhalten wird, weil Sie ein Teil dieser Kraft sind und sie in Ihrem eigenen Ich verborgen ist. Wenn Sie die richtigen Bedingungen schaffen, so rüstet Ihre innewohnende göttliche Kraft Sie zum Lohn mit den Waffen des Geistes aus – wie der Unterscheidungsfähigkeit, Urteilsfähigkeit und Treffsicherheit –, die Sie für den Lebenskampf brauchen. Sie realisieren dann, daß Ungeduld oder Groll das volle und freie Fließen der göttlichen Kraft verhindern. Entspannen Sie sich, werden Sie aufnahmebereit, ruhig, passiv, still, heiter, vertrauensvoll. In Ihrem Innern wissen Sie, daß alles gut ist und daß das, was Sie in Wahrheit dringend brauchen, Ihnen auch zuteil werden wird. Für die leichteren Dinge dieses Lebens wird kein Lohn gewährt, nur für die schwierigen. Haben Sie eine Schwierigkeit zu überwinden, vertrauen Sie auf Ihre göttliche Kraft und darauf, daß Ihnen ein Weg gezeigt werden wird.

Die mediale Entwicklung ist demnach für alle Menschen geeignet, die mittels der bewußt angewendeten Gedanken- und Gefühlssprache sich in Selbsterfahrung, Selbsterkenntnis und Selbstvertrauen üben möchten. Diejenigen, die sich das bereits erarbeitet haben, entdecken mit Hilfe der medialen Arbeit neben einer besseren Kenntnis der eigenen Persönlichkeit, daß die Schulung des Charakters ein lebenslanger Prozeß ist. Sie lernen, immer besser mit dem eigenen Einfühlungsvermögen umzugehen, werden entscheidungsfreudiger und gefühlssicherer und erlangen dadurch wahres Selbstwertgefühl. Die persönliche Kreativität kann sich optimal entfalten, und somit werden Beruf, Freizeit und zwischenmenschliche Beziehungen inspirierter gelebt.

Eine Besonderheit sei noch erwähnt: Die persönliche Medialität kann auch über einen Schicksalsschlag plötzlich wiederentdeckt werden oder zutage treten. Ein Schockerlebnis erzeugt eine höhere Gedankenfrequenz, die das Bewußtsein in eine höhere Ebene – die mediale, übersinnliche Frequenz – hineinführen kann und neue Einblicke oder Erfahrungen erleben läßt. Manifestationen der Hellsichtigkeit oder der außersinnlichen Wahrnehmung werden hier auf eine natürliche Art und Weise möglich. Ich denke beispielsweise an Nahtoderlebnisse, außerkörperliche Erfahrungen und ähnliches, wie es beispielsweise Prof. Elisabeth Kübler-Ross in ihren Büchern über die Sterbebegleitung beschreibt.

Wir alle müssen einmal in das Land des Jenseits reisen. Wenn die Zeit gekommen ist, sich von unserem Gefährt(en), dem irdischen Körper, in Liebe zu verabschieden, erwartet uns erneut eine Geburt – aus dem physischen Körper in unseren psychischen, aus der irdischen Welt in die des Geistes.

Spätestens hier erwachen auch unsere psychischen Sinne – die Medialität –, und wir erfahren über diese Wahrnehmung unsere neue Daseinswelt.

Prof. Elisabeth Kübler-Ross meinte dazu: »In diesem Zusammenhang kann man den Tod als einen Vorhang ansehen zwischen der Existenz, deren wir uns bewußt sind, und einer anderen, die uns verborgen ist, bis wir den Vorhang heben.« Im Moment des Übergangs werden wir von feinstofflichen Wesen, unseren »geistigen Geburtshelfern«, liebevoll betreut und in die geistige Welt eingeführt.

Die Qualität unseres Bewußtseins, alles, was wir be- und erarbeitet haben, macht die uns eigene »Schwingungsfrequenz« aus – und damit die Ebene der geistigen Welt, die unser neues »Zuhause« wird und unserem Bewußtseinsstand entspricht. Jede dieser verschiedenen Ebenen oder Daseinsformen – von Schwarz über sämtliche Regenbogenfarben bis hin zu Weiß – können wir uns als andere Welt, als neuen Lehrplaneten oder Schule vorstellen.

So wie wir uns auf irdischen Bergtouren auf ein höheres Gelände begeben müssen, um größere Aussicht und klarere Panoramen entdecken zu können, müssen wir uns auch mutig seelisch-geistig auf Hochtouren wagen. Jegliche Spuren des irdischen Alters verlieren wir auf geistigen Bergeshöhen – es ist nur noch das seelisch-geistige Alter, die Reife oder Weisheit und Vergeistigung, die zählt.

Hier, im holografischen Universum, gibt es kein lineares Denken, sondern unterschiedliche Realitäten oder Bewußtseinsebenen, die gleichzeitig vorhanden sind und gleichzeitig kommunizieren – alle Impulse sind vernetzt.

In der unvergänglichen geistigen Welt kehrt alles, was unerwünscht ist, sofort zum eigenen Element zurück oder bildet sich sofort heraus – ohne zu fragen, wie es entsteht oder verschwindet. Wir wissen, daß es aus einer unendlichen, nie versiegbaren Quelle kommt, die wir mit unserem normalen Menschenverstand nie so ganz begreifen und verstehen werden können, die wir nur selten erleben können.

Hier merken wir, wie unterschiedlich die Deutungen sein können. Jeder Mensch muß letztlich die Bedeutung selbst finden. Im gegenseitigen Gedankenaustausch – verbal oder telepathisch – können aber wertvolle Seiten beleuchtet werden, die man selbst nicht sehen kann. Je differenzierter das Medium arbeitet, um so »maßgeschneiderter« sollte der geistige Impuls dann aber sein. Nicht nur Allgemeingültiges, sondern ganz Spezifisches, für den Betroffenen eindeutig klar Verständliches sollte vermittelt werden, das nur in diesem Moment für diese Person von Gültigkeit und Wichtigkeit ist.

Bei einem Kontakt mit der geistigen Welt – bei der Übermittlung von Botschaften – bestehen keine materiellen, räumlichen oder zeitlichen Abschirmungen oder Schranken. Weder dicke Mauern noch Tausende von Kilometern haben einen Einfluß auf die außersinnliche Wahrnehmung. Über die psychischen Sinne kann man auch an längst vergangenen oder noch nicht eingetretenen Ereignissen »teilnehmen«, da man sich auf der geistigen Ebene außerhalb von Raum und Zeit – in der vierten Dimension – befindet. Auch die geistigen Helfer unterliegen nicht den uns vertrauten Gesetzen von Raum und Zeit – sie unterliegen dem Gesetz der kosmischen Liebe und wirken, wo und wie es erforderlich ist.

Vieles von der Illusion unserer Existenz hat sich im Geist der Erde »verdichtet« – der menschliche Geist schließt die harmonische Wirklichkeit oftmals von sich aus. Wir sind, was wir scheinen, und doch sind das Licht und die Liebe die Substanz und der Stoff unseres Gedankenlebens. Indem sich unsere Gedanken mehr und mehr auf die Schwingung des schöpferischen Geistes und seine Abgesandten einstimmen, wandelt sich die Substanz unseres Leibes – sie wird weniger dicht und strahlt mehr Licht aus. Über Theorien und Beweisbarkeit hinaus sind eben diese spirituellen Erfahrungen jener Weg, der uns schließlich zum Ziel führen wird.

Indem wir lernen, die Hindernisse auf unserem Weg mit Hilfe der geistigen Vermittler zu umgehen oder aufzulösen, und einen direkten Zugang zu den unbewußten Ebenen schaffen, wachsen und verändern wir uns. Den Schlüssel dazu müssen wir aber selbst finden, und wir sind es, die die verschütteten Erinnerungen wachrufen müssen, die in unserem Unterbewußtsein auf Erkenntnis warten – Erinnerungen an einen ursprünglichen Zustand der Ganzheitlichkeit und Einheit. Mit diesen wichtigen Erkenntnissen erst beginnt die Reise zur Weisheit.

Nur die stete Charakterarbeit und Persönlichkeitsschulung macht ein Goldenes Zeitalter möglich – was nichts anderes heißt, als daß sich jeder einzelne auf den Weg begibt und sein eigenes Paradies erschafft. Allein dadurch erheben wir unser Selbst, unser Ich.

Wenn ein spirituelles Mentalmedium auch für andere Menschen von Nutzen werden will, wird dies in vielen Fällen vorherbestimmt sein; die Seele hat bereits vor ihrer Inkarnation einer solchen Entwicklung zugestimmt. Bevor sie in den physischen Körper inkarnierte, entschied sie sich, die medialen Fähigkeiten – beispielsweise als Mental-Medium – korrekt anwenden zu lernen. Sie nahm sich vor, ein sauberer Kanal zu sein, ihre Begabungen zu disziplinieren und sie für die gefährdeten, kranken und mit Problemen beladenen Mitmenschen einzusetzen oder den Wahrheitssuchenden und nach seelisch-geistiger Weiterentwicklung Strebenden neue Impulse zu geben oder als Lehrer zu wirken.

Da die Erde ein Lernplanet ist, hat auch das Medium kraft seines freien Willens Möglichkeiten, Irrtümer zu begehen und Menschen zu manipulieren oder ihnen Dinge zu erzählen, deren Kraft nicht konstruktiv, sondern destruktiv und negativ ist. Medien, die ihre Begabung einst mißbraucht haben, werden in zukünftigen Leben ihr Talent mit größter Wahrscheinlichkeit unterdrücken, oder sie werden nur in Gottes Dienst Kanal sein wollen. Sie werden immer in den Konflikt kommen, ihre Beratung in Rechnung zu stellen oder aus ihrem Talent Geld zu machen. Ursache dafür können Reste von Erinnerungen aus früheren Inkarnationen sein, wo diese psychischen Fähigkeiten mißbraucht wurden. Es ist nicht an uns zu urteilen. *Jeder Mensch trägt allein die Verantwortung.* Jeder entscheidet, wie er seine Begabung einsetzen will. Um so logischer scheint mir, daran zu denken, daß besonders »geborene« Mentalmedien sich über ihr Talent freuen, sich aber völlig bewußt sind und bleiben, daß auch sie ein Ego und eine Persona haben, die tagtäglich gehegt und gepflegt werden will. Auch ihre Persona befindet sich auf dem Weg der

Egobefreiung, und deshalb sollten sie sich um so mehr tiefenpsychologisch mit sich selbst auseinandersetzen.

> *Das wichtigste Anliegen und Motiv eines seriösen Mediums sollte immer sein: »Ich liebe die Menschen.«*

Mut zum Wachsen und sich Entwickeln durch alle Bewußtseinsschichten hindurch birgt keine Gefahr für diejenigen, die merken, daß unsere Gedanken Berge versetzen können und sich deshalb der Kraft des positiven und negativen Denkens bewußt werden. Auch für alle, die bereit sind, einen Bewußtseinswandel zuzulassen und das Königreich des Himmels *in sich selbst* zu suchen und zu entdecken – Schritt für Schritt –, birgt die Entwicklung der medialen Anlagen keine

Gefahr in sich. Dazu gehört die Bereitschaft, immer wieder umzukehren und durch »Gebet und Meditation« oder durch Hellfühlen, -riechen, -sehen, -hören, -wissen die Stille oder das Zwiegespräch mit Gott oder dem höchsten Bewußtsein, der Intelligenz oder dem Großen Geist kennenzulernen und regelmäßig im praktischen Philosophieunterricht zu pflegen.

Übernehmen wir die Verantwortung und beherzigen die Worte Rüdiger Dahlkes, der sagte: »Der voreilige ›Universitätsstoff‹ des Lebens ist Ausdruck der Sehnsucht des Menschen nach dem (paradiesischen) Zustand der Vollkommenheit, der Einheit. Es ist sehr menschlich, auf dem harten Entwicklungweg zu diesem zumeist weit entfernten Ziel nach bequemen Abkürzungen zu suchen...«

Der Weg der Menschheit

Die erwachende spirituelle Medialität wird uns den Weg aus der Sackgasse weisen: Der Fluß des Lebens bahnt sich ein anderes Bett – aus dem Chaos in eine neue Epoche. Quer durch alle Berufs- und Gesellschaftsschichten wird der Gebrauch der Intuition dem Leben eines jeden Menschen eine ungeahnte Dimension hinzufügen, eine Fülle von Einsichtsmöglichkeiten und Verständnis, was nicht nur dem einzelnen, sondern auch seiner Umgebung zugute kommen wird. Neue Formen des Miteinanders sind heute schon in vielen Sparten zu beobachten. Im Wassermannzeitalter wird ein mit medialen Fähigkeiten vernetztes Denken in alle Gesellschaftsstrukturen hinein wirken. Unsere Welt kann nur verstanden werden, wenn wir uns selbst verstehen.

Unsere Aufgabe als Mensch ist es, bereit zu sein – oder es zu werden –, die *göttliche Führung* annehmen zu können und uns bewußt mit dieser Führung auseinanderzusetzen. Hier beginnt die Medialität, in der Erforschung des Zu-falls. Zu Beginn der medialen Entwicklung ist es nicht wichtig, ob Gott, ein »geistiger Helfer«, ein »Schutzengel«, das »höhere Selbst« oder andere feinstoffliche Bewußtseins- oder Energieteile uns auf unserem Weg zurück zum höchsten Bewußtsein führen und begleiten. Entscheidend und wichtig ist meiner Ansicht nach nur, daß es ein »Abgesandter Gottes« ist, eine Kraft aus einer höher entwickelten Bewußtseins- oder Intelligenzebene, die uns in unserer Entwicklung weiterhilft, uns führt und schützt.

Wir dürfen immer darum bitten, daß unsere Schutzengel uns beistehen. Sie sind da, um einen Mangel auszugleichen. Vielleicht fragen Sie sich jetzt, ob alle Menschen einen geistigen Helfer haben. Natürlich, die Wahrnehmung aber hängt von ihrem Glauben ab. Unsere geistige Führung kann uns wie kleine, trotzige Kinder behandeln, wenn wir nicht bereit werden, aktiv herauszufinden, warum es uns nicht glücken will, unser vermeintlich ersehntes Ziel zu erreichen. Versteht das Kleinkind immer, wenn es von der Mutter von der Straße weggeholt wird, obwohl es dort doch viel mehr Platz zum Spielen hätte?

Konzentration, Meditation, Gebet und Stille sind die besten Methoden, um die Kommunikation zur *eigenen* Überseele, zur eigenen geistigen Welt herzustellen. Unsere geistigen Helfer und Führer lehren uns, die Verbindung im Dreieck Körper-Seele-Geist bewußt zu erleben und zu verstehen. Über unsere außersinnliche Wahrnehmung können diese drei Teile untereinander kommunizieren und sich gegenseitig zum Bewußtwerden anregen, damit seelisch-geistige Entfaltung in der Materie möglich wird. In der spirituell-mystischen Erfahrung erleben wir – als Mensch – unsere seelisch-geistige Kraft als eine sich in der Polarität bewegende Energie. Diese will nichts anderes, als unser Bewußtsein immer mehr verfeinern, bis unsere außersinnlichen Wahrnehmungen im Einklang mit unseren sinnlichen Erfahrungen stehen.

Zur gleichen Zeit sollten wir an uns arbeiten. Zum einen müssen wir wachsam werden.

Die Berührung mit der geistigen Welt hat für uns oft etwas sehr Flüchtiges. Wir werden Bruchteile von Sekunden erfassen lernen, in denen wir »das Andere« eher erahnen, uns dies in unsere Wahrnehmung, in unsere schwerfällige Zeit, auf unsere Sinne übertragen.

Um die Sprache der geistigen Welt sprechen zu lernen, müssen wir aus unserem Unbewußten schöpfen, seine Symbole und Prägungen wiederentdecken. In der Auseinandersetzung mit unserer Psyche benötigen wir innere Stärke und Beharrlichkeit, den Willen, uns mit unseren »blinden Flecken« auseinanderzusetzen.

Es ist manchmal sehr schwierig, der Wahrheit direkt ins Auge zu schauen. Gesprächssituationen mit der geistigen Welt können aus diesem Grunde durchaus auch unangenehm sein. Geistige Helfer und Führer können streng und beeindruckend wirken, wie Lehrer auf der Erde. Sie wollen im Herzen jedoch stets das Beste für uns Menschen und beleuchten aus diesem Grunde all die dunklen Ecken unserer Seele, so daß wir diese mit dem Licht und Wissen bearbeiten können, damit das Geheimnis und das Verborgene ans Licht kommen. Vergessen wir trotz allem nie, daß auch geistige Helfer und Führer *auf dem Weg* zur Einheit und demzufolge nicht vollkommen sind. Nicht selten erhält man nämlich widersprüchliche Informationen aus der geistigen Welt und fragt sich unweigerlich, was man nun glauben soll. Alle Antworten sind letztlich richtig, weil sie den Suchenden dazu anregen, in sich selbst die Antwort zu finden.

In der Kommunikation mit der geistigen Welt arbeite ich mit folgender Grundhaltung:

»Höchste Intelligenz oder Bewußtseinsebene, schicke mir bitte einen Schutzengel, der mir hilft, über meine außersinnliche Wahrnehmung eine Antwort auf meine Frage zu finden. *Dein Wille geschehe* – wenn es richtig ist, daß ich Kenntnis erlange, ist es gut, und sonst nehme ich es an, so wie es ist – alles hat seinen Sinn. Denn ich bin mir bewußt, daß ich nur ein Werkzeug bin, und als solches will ich nur meinen Dienst verrichten.«

Die Bedeutung der Verantwortung

Je mehr Erfahrungen wir mit unserer eigenen Medialität sammeln, desto deutlicher wird uns, wie vernetzt unser alltägliches Bewußtsein mit außersinnlichen Impulsen ist. Je größer die Peripherie eines Kreises sei, um so mehr Berührungspunkte mit dem Unbekannten bekämen wir, meinte Pascal. Je mehr wir wissen, um so größer wird unsere Verantwortung. Denken Sie als Eltern daran, daß die Kommunikation zwischen Ihnen und Ihrem Kind bereits vor der Zeugung beginnt – sei es unbewußt, im Traum oder über außersinnliche Wahrnehmung. Während der Schwangerschaft bis zur Geburt sollte die nonverbale Kommunikation immer »bewußter« werden. Wichtig zu wissen ist, daß sie auch vom heranwachsenden Kleinkind immer wahrgenommen wird und seinen Erfordernissen entsprechen sollte.

Denken Sie auch daran, daß in Ihrem Berufsalltag außersinnliche Wahrnehmungen einfließen. Hausfrau wie Arzt treffen ihre Entscheidungen häufig von innen heraus; der Wissenschaftler, Pfarrer oder Künstler läßt sich »inspirieren«; der Bauer, Koch, Lehrer und auch der Automechaniker legen ihre Gedanken- und Gefühlswelt in ihre jeweilige »Materie«, und selbstverständlich setzt auch der Astrologe, Geistheiler oder esoterisch geschulte Spezialist stets seine medialen Fähigkeiten – oder seine Intuition – ein.

Wie verbinden wir Menschen uns mit dieser göttlichen Macht? Was macht unsere Religio aus? Wo ist Gott, die höchste Bewußtseinsebene, zu suchen, wenn nicht in unserem eigenen Herzen, in unserem göttlichen Funken... Indem wir anerkennen, daß wir alle Teil des Göttlichen sind, tragen wir eine große Verantwortung – auch uns selbst gegenüber; ihr können wir gerecht werden, indem wir die geistige Sprache, die naturgegebene Gedanken- und Gefühlssprache trainieren und *bewußt* erleben.

Mit dieser geistigen Umpolung und der aktiven Suche und Arbeit an sich selbst wird ein ganzheitlicheres Handeln im Alltags- und im Berufsleben einkehren.

Beginnen wir im kleinen, bei uns selbst. Legen wir wieder Wert auf den verantwortungsvollen Umgang mit unserer inneren Stimme, werden wir uns der geistigen »Umweltverschmutzung« eines negativ behafteten Denkens bewußt, und bemühen wir uns wieder, voller Verantwortung, unsere Intuitionen im Handeln kritisch zu überprüfen und zu verwirklichen.

Viel Freude
in der Lebensschule

Nur inspirierte Arbeit ist unvergänglich, wie uns die großen Meisterwerke immer wieder lehren, und mit dem Herzen zu schauen macht das Leben erst lebenswert. Es bedeutet, den göttlichen Funken in das Alltags- und Berufsleben einfließen zu lassen, eine Verbindung von Alltag, Wissenschaft und Mystik herzustellen, eine Brücke von der grobstofflichen in die feinstoffliche Welt zu schlagen. Lassen wir inspirierte Informationen aus unsichtbaren spirituellen Welten in die sichtbare einfließen, und zwar auf einer erfahrbaren und beweisbaren Ebene.

Jeder Mensch auf dieser Erde hat eine Aufgabe zu erfüllen. Dank der Schule des Lebens erwerben wir verschiedenste Kenntnisse und wenden diese an, auch um anderen weiterzuhelfen. So wird jeder von uns immer mehr auch die Gaben des Geistes nutzen und damit als Licht für diejenigen strahlen, die noch in der Finsternis wandeln. Alles hängt von unserem freien Willen ab. Wenn wir im Geiste bereit sind, werden sich die Türen ganz von selbst öffnen, damit wir unsere Aufgabe erfüllen können. Niemand kann uns versprechen, daß das Leben frei sein wird von Schwierigkeiten, Verwirrungen oder Schmerz. Was aber gewiß sein kann, ist, daß wir – wenn die Zeit dazu reif ist – *in uns selbst* die Mittel finden werden, alle Hindernisse und Schranken zu überwinden, uns selbst immer wieder zu erlösen.

Sind Sie bereit, das Höchste, Tiefste oder Größte in sich zu entwickeln – sind Sie bereit dazu, an Ihrer Persönlichkeit zu arbeiten? Wollen Sie zu Ihrer Unterstützung göttliche Energien oder Wesen um Hilfe bitten, die Sie lieben und Ihnen in Ihrer Entwicklung helfen möchten?

Es ist nicht einfach, geistige Reife zu erlangen – das zeigt uns die Geschichte. Wahrheit und Lüge führen so lange Krieg miteinander, bis geistige Vollkommenheit erreicht wird. Entwickeln Sie Ihre eigenen geistigen Fähigkeiten – werden Sie selbständig und unabhängig, und entdecken Sie Ihre persönliche Wahrheit.

Es liegt in der Natur der Sache, daß der Weg zur geistigen Reife eher ein schmaler, einsamer Pfad ist, auf dem wir immer weniger Menschen antreffen, je mehr wir die wohlbekannten Wegmarken hinter uns lassen. Doch wenn wir einen Berggipfel ohne Mühe erklettern könnten, was hätten wir dann geleistet? Alles, was selten erreicht wird, ist schwierig.

In der Dreiheit von Geist, Seele und Körper erleben wir das Einfließen des reinen, göttlichen Geistes in die tieferen, bewegten Seelen-Bewußtseins-Energien bis hinunter in die physi(kali)sche Materie. Dieses »Fluidum« oder die seelisch-geistigen, feinstofflichen Bewußtseinsteile, feinstofflichen Wesen oder auch »das zweite oder höhere Selbst« sind der uns innewohnende göttliche Funke, nach dem wir suchen, bis wir ihn – in uns selbst – gefunden haben. Diesen Prozeß nenne ich Bewußtseinsentfaltung durch seelisch-geistige oder mediale Entwicklung in der Materie. Unsere intuitiven Gefühle und inspirierten

Gedanken sind es dann, die sich in unseren Taten und in unserem aktiven Handeln, im privaten, beruflichen und sozialen Alltagsleben manifestieren.

Der griechische Philosoph Platon erkannte in den schöpferischen Gedanken den Ursprung aller Erfindungen – all dessen, was lebt. Reine Inspiration ist durch kein Ego oder sonstige Wertvorstellung mehr gefärbt oder geprägt, sondern wird direkt von dem Großen Geist, dem höheren Bewußtsein, dem göttlichen Plan gespeist. Die Begründer der Weltreligionen, viele Erfinder und Künstler besaßen in hohem Maße die Gabe der außersinnlichen Wahrnehmung oder der Medialität.

Das Leben will all denen, denen Paranormales widerfährt oder die sich für unsichtbare Zusammenhänge interessieren, die *Augen des*

Herzens öffnen, damit auch diese zu sehen beginnen. Die mediale Entwicklung lehrt uns, »hinter die Kulissen« zu schauen. Jeder sollte seine höchstpersönliche Rolle auf der Bühne des großen Welttheaters spielen – und zwar so gut wie möglich! Ob Sie – als Regisseur oder als Schauspieler – auch Ihre medialen Fähigkeiten einbeziehen wollen, müssen Sie selbst erspüren und auch verantworten können! Wenn Sie sich Zeit dazu nehmen, werden Sie auch diese Antwort in sich finden. Wenn Sie je einmal – wie ich selbst – während Ihrer persönlichen Bewußtseinsentwicklung unheimliche Erfahrungen machen müssen, so bewahren Sie Ihr Gottvertrauen! Lassen Sie eine solche Prüfung zu, die Ihre seelisch-geistige Belastbarkeit, die innere Stärke, testen will.

Leben ist fortwährendes Wachsen, ist Ausdehnung des Bewußtseins.

Das Göttliche in uns will sich erlösen, und alles, was geschieht, trägt auf seine Art dazu bei. Dieses Vertrauen können wir im Laufe unseres Lebens und unserer Entwicklung erwerben. Über das Erfahren höherer Dimensionen führt uns die Medialität hin zu wachsendem Gottvertrauen; das Göttliche in uns wird berührt, und es ist unzerstörbar, ewig.

Quellennachweis

Linda Roethlisberger: *Der sinnliche Draht zur geistigen Welt. Das Lehrbuch zur medialen Entwicklung.* Verlag Hermann Bauer KG, Freiburg im Breisgau 1995

Nahrung für die Seele
In gleicher Ausstattung sind erschienen:

Perlen der Bhagavadgita
ISBN 3-7626-0591-2

Jennifer Louden
Das »kleine« Wohlfühlbuch für Frauen
ISBN 3-7626-0553-X
Das »kleine« Wohlfühlbuch für Paare
ISBN 3-7626-0590-4

Jiddu Krishnamurti
Glück oder die Stille des Geistes
ISBN 3-7626-0550-5

Masaharu Taniguchi
Das Gesetz des Herzens
ISBN 3-7626-0551-3

Douglas Monroe
Das Beste aus Merlyns Lehren
ISBN 3-7626-0554-8

Verlag Hermann Bauer · Freiburg im Breisgau

Nahrung für die Seele
In gleicher Ausstattung sind erschienen:

K. O. Schmidt
Schönheit des Alters
ISBN 3-7626-0578-5

Wighard Strehlow
Hildegard von Bingen – Von der Heilkraft der Seele
ISBN 3-7626-0579-3

J. E. Berendt
Höre, so wird deine Seele leben
ISBN 3-7626-0597-1

Erika J. Chopich / Margaret Paul
Entdecke dein inneres Kind
ISBN 3-7626-0552-1

Sun Tsu
Unbesiegbarkeit durch innere Meisterschaft
ISBN 3-7626-0555-6

Tom Johanson
Die Gesetze des Glücks
ISBN 3-7626-0577-7

Verlag Hermann Bauer · Freiburg im Breisgau